my healthy habits

Sleep Well!

Published in the United States of America by Cherry Lake Publishing
Ann Arbor, Michigan
www.cherrylakepublishing.com

Reading Adviser: Marla Conn MS, Ed., Literacy specialist, Read-Ability, Inc.
Book Design: Jennifer Wahi
Illustrator: Jeff Bane

Library of Congress Cataloging-in-Publication Data

Names: Marsico, Katie, 1980- author. | Bane, Jeff, 1957- illustrator.
Title: Sleep well! / by Katie Marsico ; [illustrator] Jeff Bane.
Description: Ann Arbor, Michigan: Cherry Lake Publishing, [2019] | Series:
My healthy habits | Audience: K to grade 3. | Includes bibliographical
references and index. Identifiers: LCCN 2018034528| ISBN 9781534142800 (hardcover) |
ISBN 9781534140561 (pdf) | ISBN 9781534139367 (pbk.) | ISBN 9781534141766
(hosted ebook) Subjects: LCSH: Sleep--Juvenile literature. | Rest--Juvenile literature.
Classification: LCC RA786 .M34 2019 | DDC 613.7/94--dc23
LC record available at https://lccn.loc.gov/2018034528

Printed in the United States of America
Corporate Graphics

About the author: Katie Marsico is the author of more than 200 reference books for children and young adults. She lives with her husband and six children near Chicago, Illinois.

About the illustrator: Jeff Bane and his two business partners own a studio along the American River in Folsom, California, home of the 1849 Gold Rush. When Jeff's not sketching or illustrating for clients, he's either swimming or kayaking in the river to relax.

Photo Credits: ©umarazak/Shutterstock, 5; ©Makistock/Shutterstock, 7; ©Quintanilla/ Shutterstock, 9; ©Olesia Bilkei/Shutterstock, 11; ©Choksawatdikorn/Shutterstock, 13; ©Yuganov Konstantin/Shutterstock, 15; ©didesign021/Shutterstock, 17; ©Kamelia Ilieva/ Shutterstock, 19; ©Ulza/Shutterstock, 21; ©Realstock/Shutterstock, 23; Cover, 14, 18, 22, Jeff Bane; Various vector images throughout courtesy of Shutterstock.com/Irina Iglina and Macrovector

Time for sleep!

Sleep is when we rest. It's when our body and mind get a break.

Being healthy means making the right choices.

A right choice might be having good **hygiene** or eating well.

Getting enough sleep is another.

During sleep, we slow down.

Our body needs this time off.
Yet much is still happening
inside us.

What do you like to do before bed?

Sleep is when our muscles grow.

It's when hurt **tissues** heal.

It's also when **hormones** are released.

Sleep helps our brain, too.

We're busy thinking when we're awake.

During sleep, we **relax**.

Our brain organizes memories.

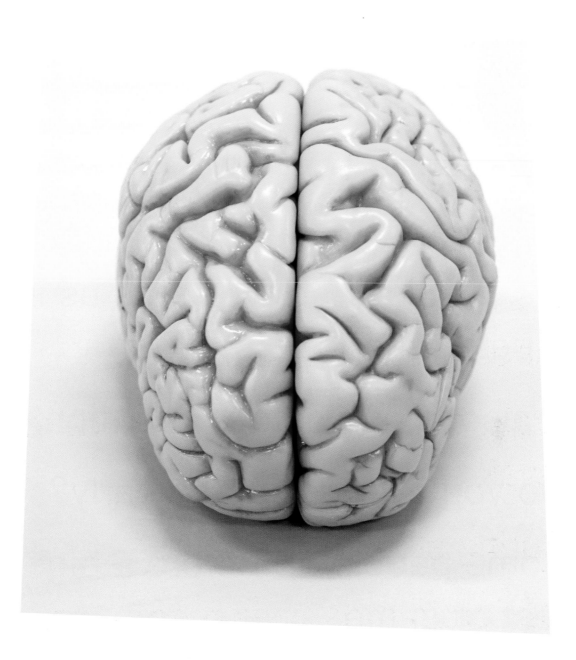

Sleeping well puts us in a better mood.

It also improves our attention.

Do you ever go to bed early?

Some people do before a big test or game.

What time do you usually go to sleep?

Ask your doctor how much sleep you need each night.

Most school-age kids should get 9 to 11 hours.

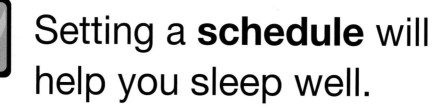 Setting a **schedule** will help you sleep well.

Stick to the same bedtime.

An hour before, turn off **electronics**.

Give your brain time to wind down.

Avoid certain foods and drinks before bed.

Don't have **caffeine**! This includes chocolate.

Caffeine keeps people awake.

We depend on sleep to stay healthy.

Just be sure to set your alarm clock!

What are some of your healthy habits?

glossary

caffeine (kah-FEEN) a chemical found in certain foods that speeds up activity in our body

electronics (ih-lek-TRAH-niks) things like games and computers powered by electricity

hormones (HOR-mohnz) chemicals produced by our body that control the activity of certain cells and organs

hygiene (HYE-jeen) keeping yourself clean or other actions that support good health

relax (rih-LAKS) to become less active

schedule (SKEH-jool) a plan with a list of events and times

tissues (TIH-shooz) groups of similar cells that perform certain jobs in our body

index

La bibliotecaria
del
pantano negro

Por Mike Thaler • **dibujos de Jared Lee**

SCHOLASTIC INC.
New York Toronto London Auckland Sydney
Mexico City New Delhi Hong Kong Buenos Aires

A Jared D. Lee,
amigo, socio y genio.
— M.T.

A las amables personas que trabajan en la
Bilioteca Pública de Lebanon, Ohio.
— J.L.

ISBN 0-439-86119-5

12 11 10 9 8   14 15/0

Printed in the U.S.A.   40

First Spanish printing, September 2006

Nuestra clase visitará hoy la biblioteca.
Hemos escuchado algunas cosas realmente espantosas sobre ese lugar.

La biblioteca está detrás del cuarto de la caldera y se conoce como "EL CENTRO DE INFORMACIÓN DE LA TIERRA".

La Srta. Vaporosa es la bibliotecaria.
Los niños la llaman "LA PLASTIFICADORA".

Dicen que te plastifica si hablas en la biblioteca.

También tiene un asistente llamado IGOR.

Te das cuenta de que estás llegando a la biblioteca
por los carteles de la pared.

Dicen que puedes quedarte en la biblioteca
tanto tiempo como puedas aguantar la respiración.
Algunos niños se han quedado hasta por un minuto.

Eso no incluye el tiempo en la
HABITACIÓN DE DESCONTAMINACIÓN.

Allí tienes que ponerte las redecillas de pelo y los guantes de goma.

Después, tienes que pasar por el *DETECTOR DE CHICLES*.

Una vez que estás en la biblioteca,
puedes mirar los libros.
No los puedes sacar de sus estantes,
ya que para mantenerlos en orden alfabético,
la Srta. Vaporosa los sujeta con tornillos.

También dicen que los estantes tienen electricidad.

Si viras el cuello y pones los ojos chiquitos,
puedes leer los títulos en los lomos de los libros.

Todo el mundo dice que lo mejor de la biblioteca es la hora del cuento. Todos los niños prestan atención mientras la Srta. Vaporosa lee una de las tarjetas del archivo.

Si está de buen humor, recita el sistema de clasificación de Dewey de memoria.

Dicen que la Srta. Vaporosa está enamorada del Sr. Dewey y lleva una foto de él en un relicario que cuelga de su cuello.

También tiene sellos en las suelas de los zapatos.
Por dondequiera que pisa deja estampada la palabra ¡*ATRASADO*!

Parece que tiene orejas detrás de la cabeza.
Si te pesca susurrando...

¡QUEDAS *PLASTIFICADO*!

Dicen que le pone pegamento a todas las sillas
para que no te muevas.

Después enseña diapositivas de todas sus vacaciones desde 1902.
Va al mismo lugar todos los años, la Biblioteca del Congreso.

La Srta. Vaporosa también está suscrita a tres revistas: *El Funerario Mensual, Guía Completa de Códigos Postales* y *Las manchas: La revista para un mejor lavado.*
Estas *SÍ* se pueden leer.

Pero mantente alejado de sus plantas. ¡Son TRAMPAS VENENOSAS!

Y no se te ocurra acariciar a sus animales porque tiene una piraña y un puercoespín.

Tampoco te acerques a su computadora porque ella utiliza un ratón de verdad.

Bueno, es hora de ir a la biblioteca.
Cerca de la entrada hay muchos carteles.

Entramos en orden y nos sentamos en sillas pequeñitas.
Parece que algunas no tienen pegamento.
La Srta. Vaporosa nos trae un montón de libros
y los pone sobre nuestra mesa.

Después me sonríe y me da uno.
¡Es un libro de chistes!

¡Me va a encantar la biblioteca!